Ce livre n'est pas vendu en librairie.

La Victoire
de l'Amour
ÉDITION D'INSPIRATION CATHOLIQUE

C.P. 120, succursale Boucherville
Boucherville (Québec) J4B 5E6

Téléphone: 514 523-4433
Internet: www.lavictoiredelamour.org
Courrier électronique: info@lavictoiredelamour.org

Produit pour La Victoire de l'amour
par Édimag inc.

Photos: Sergio Cuevas Velasco et Shutterstock
Infographie: Christian Dugas, Écho International inc.
Correction: Gilbert Dion, Michèle Marchand

Dépôt légal: troisième trimestre 2009
Bibliothèque et Archives nationales du Québec
Bibliothèque et Archives Canada

© 2009, Édimag inc.
Tous droits réservés pour tous pays.
ISBN: 978-2-89542-323-2

Tous droits réservés. Imprimé au Canada. Aucune section de cet ouvrage ne peut être reproduite, mémorisée dans un système central ou transmise par quelque procédé, électronique, mécanique, photocopie, enregistrement ou autre, sans la permission écrite de l'éditeur.

Canada

Nous reconnaissons l'aide financière du gouvernement du Canada par l'entremise du Programme d'aide au développement de l'Industrie de l'édition (PADIÉ) pour nos activités d'édition.

Sylvain Charron

Fatima

Une expérience spirituelle extraordinaire
dans les bras de Marie

La Victoire
de l'Amour

ÉDITION D'INSPIRATION CATHOLIQUE

DU MÊME AUTEUR :

Les anges tels que présentés dans la Bible, © Primo, 1995

Les anges, messagers de Dieu, © Primo, 1995

Tel que je suis maintenant, © Évangélisation 2000, 1998

Demandez et vous recevrez, © Évangélisation 2000, 1999

Les Dix Commandements, © Évangélisation 2000, 2000

Ma rencontre avec l'Abbé Pierre, © Évangélisation 2000, 2001

La décision de croire, © Évangélisation 2000, 2002

Chemin de croix, © Évangélisation 2000, 2002

Le Rosaire, © Évangélisation 2000, 2002

Pourquoi je suis toujours catholique ?, © Évangélisation 2000, 2003

Tel que je suis, je viens à toi !, © Évangélisation 2000, 2003

Prier, c'est si simple, © Évangélisation 2000, 2004

Jésus 2005, © Évangélisation 2000, 2005

Jésus 2006, © Évangélisation 2000, 2006

La vie après la mort, © Évangélisation 2000, 2006

Le Rosaire - Retrouver le Cœur de Marie,
© Évangélisation 2000, 2007

Le pouvoir de la prière, © La victoire de l'amour, 2007

Derrière le secret, c'est Dieu, © La Victoire de l'amour, 2008

Demandez et vous recevrez, © Édimag Inc, 2008

Derrière le secret c'est Dieu, © Édimag Inc, 2008

Lourdes, Sainte Bernadette Soubirous, © La Victoire de l'amour, 2008

Comment découvrir les anges qui nous protègent, © Édimag Inc, 2009

Notre-Dame de Guadalupe, © La Victoire de l'amour, 2009

Table des matières

Mon arrivée à Fatima.

Introduction

Ma première visite à Fatima remonte au mois d'août 1997. J'étais alors accompagnateur pour un groupe. Je me souviens de ne pas avoir pu profiter pleinement de ce pèlerinage. En tant que responsable d'un bon nombre de personnes, je voulais que chacun soit heureux de son voyage. Je me suis alors promis d'y retourner un jour afin de mieux vivre cette expérience magnifique.

À la fin de l'année 2008, lorsque mon éditeur me proposa de retourner au

Portugal, à Fatima, pour mon prochain livre, vous comprendrez que j'en fus ravi ! Nous avons donc planifié ce voyage pour le mois d'août 2009. Douze ans, presque jour pour jour, après mon premier pèlerinage à Fatima.

Cette fois-ci, je me suis promis de vivre intensément ces moments de silence et de recueillement dans la prière, dans ce lieu si propice à la prière.

Le grand départ se fit donc le 19 août. J'étais accompagné seulement d'un photographe qui savait très bien que ce moment privilégié avec Marie que je m'apprêtais à vivre était un instant important que j'attendais depuis longtemps ! J'avais donc besoin de calme et de sérénité.

Après un long parcours en avion, je suis arrivé à Lisbonne, capitale du Portugal. Je suis resté quelques jours dans cette belle ville afin de me reposer avant d'arriver à

Fatima. Là, il me restera une semaine complète pour m'imprégner de la douce paix de Fatima.

Beaucoup de gens me disaient avant mon départ que Fatima n'est pas comme Lourdes, où on entend parler plus de miracles et de guérisons. En effet, les deux lieux de pèlerinage sont vraiment très différents l'un de l'autre ! Par contre, aux deux endroits, il y a une constante. Le silence et la paix intérieure nous enveloppe et nous transporte jusqu'à Dieu. On peut sentir Sa présence en nous ! J'ai ressenti tout de suite un tsunami d'Amour immense. J'avais hâte de m'installer à l'hôtel pour ensuite aller à la basilique.

Mais encore une fois, comme à Mexico, lors de mon pèlerinage à la basilique de Notre-Dame de Guadalupe, je suis frappé en voyant des gens marcher à genoux, parfois meurtris jusqu'au sang, demandant à la Vierge une faveur ! Chaque fois que je vois de telles manifestations, je suis triste de constater que des gens croient encore qu'il faille souffrir pour avoir l'attention de Dieu ou de Marie.

Cela étant dit, je ne juge pas ces personnes. Elles font cela de bonne foi, avec toute la sincérité possible. Mais j'aimerais tellement que ces chrétiens découvrent le véritable visage de Dieu, qui est Amour et Tendresse !

«Ce ne sont pas vos sacrifices qui me touchent, mais l'Amour que vous avez les uns pour les autres.»

Dieu ne nous demande pas de nous infliger des blessures pour obtenir quelque chose en retour. Dieu n'est pas un sadique qui aime voir souffrir ses enfants. Sur cette question, tout le monde connaît mon opinion.

En rapport avec cela, à ma deuxième journée sur le site de Fatima, j'ai vécu une très belle expérience que je n'oublierai pas de sitôt !

Je marchais sur la place principale lorsque j'ai vu une belle dame âgée d'environ 60 ans. Elle marchait à genoux en pleurant. Arrivée au bout, elle n'arrivait pas à se relever. Je l'ai aidée à se remettre sur pied et j'ai constaté qu'elle parlait français. Elle me dit qu'elle était Française et qu'elle demeurait en Provence. Le contact fut tout de suite très bon et nous avons commencé à discuter. Elle m'a alors raconté le drame de sa vie.

Elle venait de divorcer d'avec son mari. Ils étaient mariés depuis plus de 32 ans. Son mari avait sombré dans la consommation d'alcool et il était devenu très violent, physiquement et verbalement ! Deux fois, la pauvre dame dut être hospitalisée pour des fractures découlant des coups qu'elle avait reçus de son époux.

Elle me confia alors qu'elle se sentait coupable d'avoir divorcé. C'est un geste qui était incompatible avec sa foi. Elle avait fait ce voyage à Fatima pour demander pardon à Dieu pour ce divorce. C'était pour cette raison qu'elle avait fait le sacrifice de se déplacer à genoux, jusqu'au sang. Elle s'était convaincue que si elle souffrait ainsi, Dieu lui pardonnerait !

J'étais triste et décontenancé. J'étais peiné pour cette dame. J'ai alors décidé de partager ma réflexion avec elle. Je lui ai d'abord dit qu'elle n'avait pas à se sentir coupable d'avoir divorcé d'avec un homme violent qui ne la respectait pas. Dieu ne peut pas être d'accord avec une telle violence.

«Dieu vous veut heureuse et debout, lui ai-je dit. Dieu a souffert avec vous pendant vos années de calvaire. Maintenant, vous avez le droit de refaire votre vie et de connaître enfin le bonheur avec un autre homme qui sera tendre avec vous !»

Et surtout, je lui ai demandé de ne pas croire que Dieu a besoin de voir souffrir ses enfants. Quel père demanderait à ses enfants de marcher à genoux jusqu'au sang ? Si un père demandait à ses enfants de s'infliger des blessures pour obtenir son amour, on appellerait aussitôt la DPJ. Dieu nous aime tout simplement et Il nous prend sur Son cœur et nous enveloppe de Sa tendresse.

Je voyais les yeux de cette dame se remplir de larmes de joie. Elle vivait un moment extraordinaire de libération. Elle me dit par la suite qu'elle aimerait tellement communier, mais qu'elle ne pouvait plus, étant divorcée. Je me suis alors permis de l'emmener à la messe avec moi et de communier au Corps du Christ ! Je lui ai alors dit que l'Eucharistie est pour tous et surtout pour ceux qui ont tellement besoin de réconfort, comme elle dans cette terrible épreuve. Si vous aviez pu voir ses larmes lorsqu'elle a communié. Elle était dans un état de prière tellement profond et vrai ! J'étais tellement heureux de voir cette femme ressusciter devant mes yeux. J'ai remercié le Seigneur d'avoir mis cette dame sur ma route.

Nous nous sommes quittés en nous promettant de prier l'un pour l'autre. Nous nous sommes laissés nos adresses électroniques afin de pouvoir communiquer ensemble. Elle me confia, avant de partir, que j'avais été son cadeau de Fatima.

Je remercie Marie, qui a permis de libérer cette femme de la culpabilité ! Comme Elle est douce, Notre Mère !

Mon rêve est qu'un jour les gens puissent découvrir à quel point Dieu Notre Père nous aime tout simplement et que Marie est Tendresse infinie !

Notre-Dame de Fatima

Un lieu de pèlerinage exceptionnel

Faire un pèlerinage à Fatima, c'est beaucoup plus que faire un simple voyage. En fait, c'est tout à fait différent d'un voyage touristique. Un voyage à Fatima, c'est comme retourner auprès d'une mère toujours accueillante et aimante. C'est une occasion extraordinaire de placer mon cœur au creux des bras chaleureux de ma mère spirituelle.

Lorsque je vais voir ma mère terrestre, je reviens chez moi. Je quitte le monde agité et stressant pour me recueillir dans le nid de mon enfance. C'est un voyage au creux de l'amour de celle qui m'a bercé et qui a pris soin de moi dans les moments choyés autant que dans les instants où je traversais de grandes épreuves.

Lorsque je me suis rendu à Fatima, c'est Marie qui m'a pris dans ses bras et m'a chuchoté à l'oreille qu'elle m'aimait. À un certain moment, lors de ma visite, j'ai observé autour de moi. Des milliers de gens s'étaient rassemblés. Et j'ai vu au fond de leur regard ému qu'ils vivaient la même chose que moi. Marie leur chuchotait à l'oreille, à eux aussi. Tous étaient touchés par la même émotion grandiose. Celle d'un enfant fragile qui se sent tout à coup invincible, car sa mère est là qui le protège et veille sur lui. Des milliers de gens, à Fatima, au même moment, vivaient la même expérience.

J'en avais le souffle coupé.

L'amour qui émane de ce lieu est si grand et intense que je comprends ce qu'ont vécu les trois enfants de Fatima. Lorsque Lucie, François et Jacinthe ont eu leur vision et qu'ils se sont retrouvés en présence de l'Ange de la Paix, puis de la Vierge Marie, ils ont été submergés par le divin Amour qui émanait d'eux. Ils ont parfaitement senti Dieu au fond de leur âme.

Sans vivre une expérience de la même envergure, les pèlerins qui viennent se recueillir à Fatima marchent dans la lumière de Dieu. La toute puissante manifestation divine transfigure les cœurs et les esprits et leur fait connaître un bonheur immédiat et durable. Comme pour les trois enfants, il y a plus de 90 ans, la force de leur foi devient un rempart contre lequel les épreuves et les écueils de la vie viennent se briser. Le désespoir n'a plus accès à notre âme lorsque Dieu y réside.

Ma joie d'être enfin à Fatima.

Le Portugal
des années 1910

Au début du XXe siècle, Fatima n'était qu'un petit village parmi tant d'autres, au centre du Portugal. La vie dans les campagnes était dure et les gens y vivaient, pour la plupart, dans des conditions difficiles. Mais la population était très croyante et restait très attachée aux traditions et symboles religieux. Les réformes du nouveau gouvernement central de l'époque n'avaient en rien changé les valeurs et la foi profonde enracinées depuis longtemps dans l'âme de ces gens simples. En effet, après l'assassinat du roi

Charles Ier, en 1908, et l'exil de son successeur, Manuel II, en 1910, le gouvernement imposa une nouvelle constitution qui faisait du Portugal un état laïc et anticlérical. Du Vatican, Pie X a formellement et vigoureusement dénoncé ces réformes.

La petite communauté de Fatima, en ce début de XXe siècle, était dispersée en une quarantaine de hameaux. Au sein des familles, tout le monde était mis à contribution pour assumer les tâches et les responsabilités. Même les enfants devaient faire leur part et on leur assignait des tâches convenant à leur âge. Souvent, ils n'allaient pas à l'école. Apprendre à lire et à écrire n'était pourtant pas un luxe dans ce milieu où le taux d'analphabétisme était de 90 %.

Telle était donc la situation dans le hameau d'Aljustrel où habitaient deux familles dont le quotidien allait être

*Tout au long de l'année, des gens viennent
chercher un ressourcement spirituel.*

passablement perturbé durant les années
à venir. Trois enfants des familles Dos
Santos et Marto allaient faire parler d'eux
et être à l'origine d'un des épisodes les
plus marquants de l'histoire de la religion
catholique moderne.

Occupation : bergers

En 1915, la guerre qui sévissait en Europe n'arrangeait en rien la situation des populations. Beaucoup d'hommes devaient s'enrôler dans l'armée et le Portugal était sur le point d'entrer officiellement en guerre contre l'Allemagne.

Dans la petite bourgade d'Aljustrel vivaient trois enfants : Lucia de Jesus Dos Santos (Lucie), dix ans, Francisco Marto (François), neuf ans, et Jacinta (Jacinthe), sœur de Francisco, sept ans.

L'occupation principale des enfants, dès l'âge de dix ans, consistait à emmener les troupeaux de moutons dans les pâturages des alentours et à les garder. Ce n'était pas un travail très dur en soi, mais il fallait être aux aguets. Le terrain était parfois accidenté et on pouvait facilement y égarer une bête. Les troupeaux n'étaient déjà pas très gros, il ne fallait pas en plus perdre des bêtes par négligence. C'était la consigne qu'ils avaient reçue de leurs parents.

À cette époque, plusieurs familles avaient leur propre troupeau de brebis et en tiraient une partie de leur subsistance en plus de quelques revenus. Les enfants avaient la responsabilité d'emmener les bêtes le matin dans les pâturages et de les ramener à la fin de la journée. Ils partaient avec leur nourriture pour la journée et se regroupaient entre amis pour se tenir compagnie, mais aussi jouer et chanter ensemble.

François et Jacinthe étaient trop jeunes pour être bergers. Mais les deux avaient tellement insisté auprès de leur mère pour y aller, qu'elle avait fini par céder. Cela se passait peu de temps avant l'épisode vécu par les trois enfants, où la Vierge leur est apparue. Ainsi, le frère et la sœur purent-ils continuer de jouer avec leur amie Lucie, car ils se retrouvaient la plupart du temps ensemble dans les champs. Les deux familles étant amies, cela ne dérangeait personne si les troupeaux se mélangeaient un peu. Les deux familles avaient des liens de parenté et elles entretenaient de très bons rapports. Il n'y avait donc aucun problème à ce que les troupeaux broutent les mêmes pâturages. Cela comportait, en fait, des avantages, puisque, entre autres choses, les bons endroits pour faire paître les bêtes n'étaient pas si nombreux.

Lucie, François et Jacinthe s'amusaient beaucoup ensemble. Ils aimaient chanter, danser et courir. La plus jeune, Jacinthe, démontrait un grand talent pour la danse, tandis que François jouait du fifre (petite flûte traversière) avec beaucoup de plaisir.

Ce fut au cours de cette année 1917 que les trois enfants, pourtant de nature si enjouée, revinrent au hameau d'un pas plus pressé qu'à l'habitude. Leur esprit semblait absorbé par de graves pensées.

Ce jour-là, les trois enfants avaient fait brouter leur troupeau sur un terrain qui appartenait aux parents de Lucie. Ce pâturage se situait beaucoup plus loin du hameau que les endroits habituels. Ce qui s'y passa ce 13 mai 1917 marqua non seulement les trois enfants, mais aussi, bien que plus tard, tout le monde catholique. Telle une vague déferlante, les répercussions se firent sentir au fur et à mesure que progressait la rumeur. Les événements qui suivirent rapprochèrent les uns des autres les trois enfants, mais chamboulèrent le reste de leurs relations non seulement avec les membres de la petite communauté rurale dont ils étaient issus, mais aussi avec leur propre famille. Le destin qui leur était réservé allait les mener sur un autre chemin que celui de l'harmonie avec leur entourage. Pour livrer le message de la Vierge Marie, ces trois petits messagers, humbles et inno-cents, allaient devoir se séparer de leurs sources de bonheur, leur famille terrestre, et se rapprocher de leur famille céleste. Les trois jeunes enfants allaient vivre de grandes souffrances et être affligés par de nombreux événements tristes. Il leur aura fallu une grâce toute spéciale pour passer, si jeunes et si fragiles, par tant de douleurs morales et physiques. À un des moments les plus troublants de la crise qui secouait toute la communauté, tous cherchaient à faire dire aux trois petits qu'ils avaient tout inventé. Que toute cette histoire d'apparition de la Vierge avait été créée de toutes pièces pour attirer l'attention. Toutes les menaces y sont passées. L'ad-

*La Chapelle des apparitions où les gens viennent
se recueillir en grand nombre.*

ministrateur du canton les avait même
enlevés à l'insu des parents et mis en
prison pour tenter de leur soutirer des
aveux. Cet épisode les laissa attristés,
comme s'ils étaient abandonnés de tous.

Trois enfants choisis
par Marie

LUCIE

Lucie était la plus jeune d'une famille de six enfants. Elle semblait avoir été dotée d'une mémoire incroyablement précise et persistante. Comme elle le disait elle-même : «Je me souviens de tant de choses avec précision. Je me rappelle avoir eu conscience de mes actes lorsque très jeune enfant ma mère me berçait tendrement dans ses bras.»

Choyée et aimée, elle recevait beaucoup de démonstrations d'affection de ses parents, de ses sœurs et de son frère. Lucie décrit sa jeunesse comme un éternel bonheur. Elle était régulièrement emmenée par ses sœurs dans des fêtes où, grâce à son précoce talent pour le chant et la danse, elle devenait vite le centre d'attention.

Son père et sa mère étaient très croyants et pratiquants, comme la plupart des gens de cette époque. Mais de plus, la mère de Lucie avait la réputation de n'endurer le mensonge sous aucun prétexte. Dire la vérité, sans condition, sans compromis et quelles que soient les circonstances, telle était la devise de cette femme pieuse, et elle n'en dérogeait jamais. Lorsque l'histoire des apparitions commença à s'ébruiter, ce fut le début de bien des tourments pour cette mère qui crut que sa propre fille lui mentait.

D'une droiture extrême, la mère de Lucie avait une réputation d'honnêteté sans tache. On racontait à son sujet que ce qu'elle disait était parole d'Évangile.

Personne ne s'aventurait à contester son jugement ni à médire sur les autres devant elle. Elle avait une autorité morale incontournable. Ce qui n'empêchait aucunement cette femme de recevoir avec beaucoup de joie parents et amis. La maison familiale se transformait d'ailleurs souvent en lieu de rassemblement où les gens venaient trouver bonne humeur et joie. Ce fut donc un endroit d'épanouissement pour la petite Lucie.

LE JEUNE FRANÇOIS

Né le 11 juin 1908 et frère aîné de Jacinthe, le petit François était un être impressionnable qui ne cherchait jamais la compétition. Au jeu avec d'autres enfants, il cédait la plupart du temps lorsqu'une difficulté se présentait. Même lorsqu'un enfant lui prenait un objet qui lui appartenait, il n'opposait aucune résistance. Il disait sans peine : «Garde-le. Ça m'est égal.» Il ne semblait pas baisser les bras par manque de courage. C'était simplement qu'il n'aimait pas les conflits et semblait éprouver un véritable détachement face aux choses matérielles.

Dans le livre *Lucie raconte Fatima*, Lucie Dos Santos se rappelle un événement. François avait reçu en cadeau d'une tante revenue de voyage un petit mouchoir de poche brodé de l'image de Notre-Dame de Nazaré. Il était manifestement très heureux du présent. Le montrant à un groupe d'enfants, le tissu se promena de main en main, puis disparut. Malgré l'étonnement et l'empressement de Lucie à le reprendre des mains du voleur, François dit simplement que cela ne valait pas la peine d'empirer la situation et de faire naître de l'animosité en montrant du doigt le coupable. Ce petit garçon était ainsi fait, pacifique et rêveur. Il était en plusieurs points très différent de sa sœur Jacinthe, qui était aussi passionnée que vive d'esprit et qui n'hésitait pas à manipuler pour obtenir ce qu'elle voulait.

Lucie raconte encore : «Le naturel pacifique de François m'exaspérait parfois. Il m'est arrivé en quelques occasions de le prendre par le bras et de le forcer à s'asseoir par terre. Je lui ordonnais alors de ne plus bouger jusqu'à ce que je le lui permette. Peu après, j'en éprouvais de la peine et je revenais le chercher. En me tenant par la main, il revenait au jeu avec la même bonne humeur, comme si rien ne s'était passé.»

Ce qui plaisait le plus à François, c'était de jouer de son fifre et de chanter. Voici la chanson qu'il aimait le plus chanter :

J'aime Dieu dans le ciel,
Je l'aime aussi sur terre;
J'aime les fleurs des champs,
J'aime les brebis dans la campagne.

Je suis un pauvre berger,
Qui prie sans cesse Marie;
Au milieu de mon troupeau,
Je suis le soleil du midi.

Avec mes petits agneaux,
J'ai appris à gambader;
Je suis la joie de la campagne,
Je suis le lis de la vallée.

Avec les paroles de cette chanson, on comprend toute la place que la foi et la religion tenaient dans la vie quotidienne. Même les enfants en bas âge étaient imprégnés des symboles religieux que chérissait la société portugaise, surtout à la campagne. Mais chez les trois enfants choisis par la Vierge pour se manifester à eux, il y avait une ferveur latente et une piété encore plus grande qui n'allait pas tarder à se faire connaître.

Après les premières apparitions, François devint très pieux et encore plus solitaire qu'il ne l'était auparavant. Il était toujours le premier à dire qu'il fallait offrir des prières à Jésus pour la réparation des péchés et pour soulager Dieu des offenses des hommes. Durant la journée, au lieu de jouer avec sa sœur et avec Lucie comme il le faisait auparavant, il se retirait, souvent seul, caché des regards par une pierre ou dissimulé derrière un arbre. Il priait, répétant inlassablement les mêmes prières.

JACINTHE

La petite Jacinthe, sœur cadette de François, est devenue, dès les premières apparitions, l'amie la plus proche de Lucie. Avant, elle n'avait pas un caractère facile. Souvent, elle se rebiffait pour un oui ou pour un non. Mauvaise perdante, elle boudait de longs moments et il fallait beaucoup de concessions de la part des autres enfants pour qu'elle revienne au jeu.

Mais lorsqu'elle se retrouvait avec son frère et Lucie dans les pâturages, elle devenait plus sereine et agréable. Jacinthe aimait beaucoup prendre sur elle les petits agneaux. Elle les cajolait et les embrassait. Le soir, sur le chemin du retour, elle les portait souvent dans ses bras «pour ne pas qu'ils se fatiguent», comme elle disait.

Après la première apparition, Jacinthe, malgré son jeune âge, était toujours la première des trois à vouloir faire des sacrifices pour le pardon des pécheurs. Elle n'hésitait pas un instant à offrir sa nourriture de la journée aux enfants plus pauvres. Selon Lucie, c'était, des trois enfants, Jacinthe qui avait la plus forte intuition de Dieu et de la vertu.

Les premières apparitions

C'est au cours de l'année 1915 que commencèrent les visions qui changèrent la vie du petit hameau de Fatima. Durant une journée d'été où Lucie faisait paître le troupeau familial en compagnie de trois compagnes, quelque chose attira son regard. Les quatre amies étaient occupées à réciter leur chapelet sur le flanc d'une colline appelée Cabeço tout en rassemblant leurs brebis. C'était une occupation courante pour les populations de l'époque que de réciter le chapelet durant une activité routinière qui ne demandait pas trop de concentration.

Lucie vit donc, au-dessus des arbres au fond de la vallée qu'elle surplombait, une forme translucide vaguement humaine qui flottait dans l'air, comme une nuée blanche. Les autres enfants distinguèrent aussi cette manifestation, mais aucune ne pouvait dire ce que c'était.

Les choses en restèrent là, même si l'apparition se reproduisit deux autres fois à quelques jours d'intervalle. Avec le temps, l'impression laissée dans l'esprit de Lucie s'effaça complètement.

Au printemps de l'année suivante, en 1916, le petit François et sa sœur Jacinthe, voulant continuer de passer du temps avec leur cousine Lucie, insistèrent tellement auprès de leur mère qu'ils obtinrent la garde du troupeau familial, même s'ils n'avaient pas l'âge habituel pour le faire. Les trois enfants passaient donc leurs journées ensemble, du matin au soir.

Un jour de ce même printemps 1916, Lucie, François et Jacinthe se rendirent avec leur troupeau à un pâturage appartenant aux parents de Lucie. Le terrain était situé au pied de la fameuse colline d'où l'étrange nuée avait été vue l'année précédente.

Vers 10 h 30, une petite pluie se mit à tomber et les trois enfants se décidèrent à trouver un abri.

– Il y a un rocher qui pourrait nous servir d'abri, fit Lucie en indiquant le haut de la colline.

Ils montèrent donc ensemble, suivis de leurs brebis qui broutaient tranquillement, nullement incommodées par la bruine.

Arrivée au rocher la première, Lucie y entra. Le sol s'abaissait sous le rocher en surplomb et créait une cavité assez grande pour abriter aisément les trois enfants. En se retournant, avant de se mettre à l'abri, François découvrit le magnifique paysage qui s'offrait à eux. De l'ouverture de la cavité, il pouvait voir s'étirer toute la vallée et au loin les montagnes sur lesquelles un nuage noir déversait des trombes de pluie. Le soleil, qui recommençait à briller de leur côté, donnait lieu à un arc-en-ciel majestueux avec, comme toile de fond, le vert sombre des arbres. Il voyait aussi les petites maisons toutes blanches des hameaux.

Même si la pluie cessa rapidement, les trois petits décidèrent de passer le reste de la journée dans cet endroit paisible. Après un chapelet dit de façon expéditive, les enfants se mirent à jouer à des jeux coutumiers.

L'attrait du jeu chez les enfants de toutes les époques est partout le même. Lucie, François et Jacinthe avaient trouvé une façon bien à eux de dire le chapelet rapidement afin de pouvoir jouer librement. À chaque grain de chapelet, ils se contentaient de dire le nom de la prière sans la réciter. Les Ave Maria et les Notre Père se succédaient à un rythme accéléré. Ainsi, en quelques minutes, la tâche était accomplie et le jeu était permis.

LA PREMIÈRE FOIS

C'était au tour de François de jeter son caillou vers le centre de l'aire de jeu quand un vent fort et bref souleva la poussière et fit bruisser le feuillage des buissons. Les trois enfants levèrent les yeux pour constater que tout était devenu soudainement calme. On aurait dit que le temps s'était arrêté après le coup de vent, comme s'il était suspendu. Plus aucun bruit ne venait percer le silence. Puis, une musique, ou plutôt un son harmonieux se fit entendre très doucement.

C'est Lucie qui vit la première, au-dessus des oliviers, la même forme qu'elle avait vue l'année précédente. Elle n'en avait jamais parlé à François ni à Jacinthe. En fait, ces événements avaient presque disparu de sa mémoire.

Cette fois-ci, la forme se rapprochait comme elle ne l'avait jamais fait auparavant. Les trois enfants pouvaient maintenant distinguer qu'il s'agissait bel et bien d'une forme humaine. Peu à peu le visage est devenu parfaitement identifiable. Le personnage qui flottait dans les airs avait les traits d'un jeune homme d'environ quinze ans. Il était à la fois d'un blanc éclatant et transparent comme du cristal. On aurait pu croire que c'était les rayons du soleil qui le faisaient briller si magnifiquement, mais la lumière étincelante semblait plutôt irradier de son propre corps.

Il était maintenant tout à fait possible de constater la grande beauté et la pureté des traits de l'être de cristal.

– Ne craignez rien, fit le personnage d'une voix très douce. Je suis l'Ange de la Paix. Priez avec moi.

Rendu tout près des enfants, l'ange s'agenouilla au sol et courba le dos jusqu'à ce que son front touche terre.

– Priez avec moi et répétez trois fois cette prière, continua-t-il. Mon Dieu, je crois, j'adore, j'espère et je vous aime ! Je vous demande pardon pour ceux qui ne croient pas, qui n'adorent pas, qui n'espèrent pas et ne vous aiment pas.

Très impressionnés et comme figés par l'apparition, les enfants répétèrent la prière tout en se sentant poussés à imiter la posture de l'ange. C'était comme une force impérieuse qui agissait à l'intérieur d'eux.

– Priez ainsi, dit l'ange en se relevant. Les Cœurs de Jésus et de Marie sont attentifs à la voix de vos supplications !

L'ange disparut comme il était apparu. Une ambiance surnaturelle enveloppait toute la scène. Lucie raconta plusieurs années plus tard l'état dans lequel ils se retrouvèrent. Pour décrire cet état, mieux vaut prendre les mots de celle qui a vécu ce moment incroyable : «Nous perdîmes presque conscience de notre propre existence. Nous restions dans la position où l'Ange nous avait laissés, répétant sans cesse la même prière. La présence de Dieu se faisait sentir d'une manière si intense et si intime que nous n'osions même plus parler entre nous. Le jour suivant, nous sentions encore notre esprit enveloppé dans cette atmosphère qui ne disparut que très lentement.»

Les enfants en gardèrent un souvenir qui ne s'effacera jamais de leur mémoire.

Depuis ce jour, Lucie, François et Jacinthe récitèrent cette prière très souvent, reprenant la posture de l'ange.

Prosternés ainsi, ils priaient parfois jusqu'à l'épuisement.

DEUXIÈME APPARITION DE L'ANGE

Durant l'été de la même année, alors qu'ils jouaient près de la maison de Lucie, l'ange apparut de nouveau aux trois petits. Cette fois-ci sans qu'ils aient remarqué un signe annonciateur de sa venue.

– Que faites-vous ? demanda-t-il. Priez comme je vous l'ai montré. Priez beaucoup. Les Cœurs de Jésus et de Marie ont pour vous des plans de miséricorde. Offrez constamment à Dieu vos prières.

Encore une fois, dès que l'ange était apparu, les enfants avaient figé. Captivés, ils ne pouvaient faire un geste pour se retirer ou pour regarder ailleurs. Ils se sentaient pris en charge, physiquement et mentalement, par l'ange. Pour décrire mieux ce phénomène, Lucie parle d'anéantissement passager devant tant de grandeur et de puissance. Moralement, ils baignaient dans la paix et le bonheur. Ils sentaient leur âme complètement et intimement concentrée en Dieu, mais physiquement, ils se sentaient abattus et prostrés.

– Offrez à Dieu toutes les prières que vous pourrez faire tout au long de vos journées. Ces prières seront reçues en compensation pour tous les gestes offensants commis par les hommes envers Dieu. Ces prières agiront aussi en actes de supplication pour la conversion des pécheurs. Vous attirerez ainsi la paix sur votre pays, le Portugal, dont je suis l'Ange gardien.

L'ange disparut et les trois petits restèrent un long moment prosternés.

– Je ne peux plus parler, ni jouer, ni chanter, déclara Jacinthe peu de temps après la deuxième apparition. Je n'ai plus de force pour rien.

TROISIÈME APPARITION

Vers la fin de l'été ou le début de l'automne, Lucie, François et Jacinthe faisaient toujours paître leur troupeau sur les coteaux des alentours de Fatima. Ils marchaient côte à côte lorsque soudain une lumière très blanche les envahit. Ils levèrent le regard et aperçurent au-dessus d'eux l'Ange de la Paix.

L'ange tenait dans ses mains un calice et au-dessus flottait une hostie. On pouvait voir des gouttes de sang qui tombaient de l'hostie dans le calice. Laissant le calice et l'hostie comme suspendus dans les airs, l'ange se prosterna comme il le faisait toujours. Trois fois il récita cette prière : «Très sainte Trinité : Père, Fils et Saint-Esprit, je vous adore profondément et je vous offre les Très Précieux Corps, Sang et Divinité de Jésus-Christ présent dans tous les tabernacles du monde, en réparation des outrages, sacrifices et indifférences dont il est lui-même offensé et, par les mérites infinis de son Très Saint Cœur et du Cœur immaculé de Marie, je vous demande la conversion des pauvres pécheurs.»

Se relevant, l'ange reprit le calice et l'hostie. À Lucie, il tendit l'hostie et il partagea le contenu du calice entre Jacinthe et François. L'ange récita une nouvelle prière : «Prenez et buvez le Corps et le Sang de Jésus-Christ, horriblement outragé par les hommes ingrats. Réparez leurs crimes et consolez Dieu.»

Et l'ange disparut.

La force qui paralysait les enfants fut encore plus intense lors de cette apparition. Prosternés, ils reprirent conscience du monde terrestre qui les entourait plusieurs heures après le départ de l'ange. La nuit tombait et il leur fallait rentrer.

Aucun des trois enfants ne parla de tout cela à quiconque. Cela ne leur serait pas venu à l'esprit, tellement ces apparitions de l'ange étaient intimes. Ils n'en parlèrent d'ailleurs que très peu entre eux. Les apparitions de Marie furent tout à fait différentes, ce qui explique peut-être pourquoi les deux cousins de Lucie se mirent à en parler à leurs parents. Avec l'ange, la puissance et l'intensité étaient si fortes que les trois enfants se sentaient totalement aspirés et vidés de leurs énergies physiques. Avec Marie, la joie et le bonheur étaient semblables, mais au lieu d'être abattus physiquement, ils ressentaient une allégresse et une vivacité communicatives.

Marie apparaît
pour la première fois

C'est le 13 mai 1917, un an après la première apparition de l'ange que Marie se manifesta pour la première fois aux trois enfants de Fatima. Ce jour-là, Lucie, Jacinthe et François s'amusaient à construire un petit muret de pierres en haut d'une pente. Ils riaient et se réjouissaient chaque fois que les pierres qu'ils tentaient d'empiler s'effondraient et roulaient vers le bas de la pente. François courait alors pour les rattraper et les remonter.

Alors qu'ils étaient tous les trois concentrés à remettre des pierres en équilibre, une lumière vive et brève leur fit lever la tête. Rien ne semblait avoir bougé autour d'eux.

– Rentrons, fit Lucie, c'est peut-être un orage qui s'approche.

Il n'y avait pourtant aucun autre signe d'orage.

– Dépêchons-nous, poursuivit Lucie.

Avisée et prudente, elle savait que les changements de température pouvaient être brusques parfois.

Les trois enfants descendirent donc la pente en dirigeant les brebis et en les regroupant pour rejoindre au plus vite, au bas de la pente, le sentier par lequel ils étaient venus. Ils étaient rendus à mi-chemin vers le bas lorsqu'un nouvel éclair de lumière se produisit. Il était bien étrange, les enfants commençaient à le constater, que ces flashs de lumière ne soient pas suivis d'un bruit du tonnerre. Tout demeurait silencieux. Ils étaient à poursuivre leur manœuvre lorsqu'ils aperçurent, suspendue au-dessus d'un jeune chêne vert, une dame toute vêtue de blanc. Une lumière vive, mais douce, émanait de sa silhouette. Il ne s'agissait pas d'une lumière réfléchie par la blancheur de sa robe, mais de la lumière qui émanait véritablement d'elle. «Comme un verre de cristal rempli d'eau et placé devant le plus éclatant des soleils», décrivit Lucie.

Surpris, mais aucunement apeurés, les trois enfants s'approchèrent de la Dame. À environ un mètre, ils réalisèrent qu'ils baignaient dans cette lumière que dégageait toujours la Dame blanche. Celle-ci les rassura, elle leur dit qu'elle venait du ciel. Puis, elle leur demanda de bien vouloir revenir au même endroit, à la même heure, le 13 des six prochains mois.

– Plus tard, conclut-elle, je vous dirai qui je suis.

– Vous qui venez du ciel, demanda Lucie, est-ce que vous savez si nous irons au ciel?

– Tous les trois, vous viendrez près de moi, au ciel.

La Dame paraissait jeune et elle dégageait une pureté et une sérénité qui enveloppait l'âme.

– Êtes-vous disposés à offrir à Dieu les épreuves que vous aurez à traverser, demanda la Dame.

Les trois enfants acquiescèrent, probablement sans trop comprendre le sens de tout cela.

– La Grâce de Dieu sera votre réconfort.

C'est à ce moment que la Dame ouvrit les mains de chaque côté d'elle. La lumière qui enveloppait les trois enfants se fit encore plus brillante et ils la ressentirent encore plus intimement. Lucie décrivit cette scène en ces mots : «Une lumière qui nous pénétrait si intimement jusqu'au plus profond de notre cœur et de notre âme, qu'elle nous faisait nous voir nous-mêmes en Dieu. Cette lumière était Dieu lui-même.»

Sur une impulsion intérieure irrésistible, ils tombèrent à genoux et ils répétèrent du fond de leur cœur cette prière : «Ô Très Sainte Trinité, je vous adore ! Mon Dieu, mon Dieu, je vous aime dans le Très Saint Sacrement !»

– Récitez le chapelet tous les jours, fit la Dame, afin d'obtenir la paix et la fin de la guerre.

Sur ces dernières paroles, la Dame commença à s'élever. La lumière semblait lui ouvrir un chemin dans le ciel, et elle disparut.

– Quelle belle dame, fit Jacinthe.

Les trois enfants étaient émerveillés.

– Je crois que nous ne devons pas révéler ce que nous venons de voir, proposa Lucie. En seras-tu capable, Jacinthe ?

– Nous ne dirons rien, fit Jacinthe. Sois tranquille.

Le lendemain, lorsque François et Jacinthe retrouvèrent Lucie pour repartir vers les pâturages, leur mine était plutôt sombre.

– Jacinthe a tout dit à nos parents, révéla tout de suite François.

– Je ne pouvais pas faire autrement, expliqua Jacinthe. Quelque chose au fond de moi m'obligeait à parler. Pardonne-moi, je ne dirai plus rien à personne.

Mais le mal était déjà fait. Les jours, les semaines, les mois qui allaient suivre seraient à jamais bouleversés. Les trois enfants seront traités de menteurs, d'enfants voulant attirer l'attention sur eux. Même leur propre famille, surtout celle de Lucie, allait les accuser de la sorte. Comme l'expliqua Lucie de nombreuses années plus tard, cela faisait probablement partie des sacrifices que Dieu leur envoyait.

Pour chacun des trois enfants, leur famille représentait un havre de bonheur et de bonne humeur. Tout sera différent pour eux après cela. La tristesse et la honte allaient ternir pour longtemps le destin de ces deux familles. Bien sûr, des gens de plus en plus nombreux allaient croire aux apparitions de Fatima, mais beaucoup n'y croyaient pas, et la pression était grande.

Même les autorités locales allèrent jusqu'à enlever et emprisonner les trois enfants afin de leur soutirer une rétractation et des excuses publiques. Ce qu'ils ne firent jamais, bien entendu. Et c'est là une autre partie du drame. Lucie, François et Jacinthe auraient bien voulu se rétracter et renier toute cette histoire afin de retrouver leur vie calme de bergers. Mais comment auraient-ils pu mentir et tourner le dos à Marie ? C'était impossible.

DEUXIÈME APPARITION DE LA VIERGE

Le 13 juin 1917, au même endroit que le mois précédent, Julie, François et Jacinthe, ainsi que quelques personnes qui s'étaient jointes à eux, récitaient le chapelet lorsqu'un éclair précéda de quelques secondes l'apparition de la Dame.

Évidemment, il n'y avait que les trois enfants qui la voyaient et l'entendaient. Les autres ne pouvaient voir que les trois enfants regarder un même endroit au-dessus d'un jeune chêne vert, et Lucie qui semblait en conversation avec un être invisible.

– Que voulez-vous de nous? demanda Lucie à la Dame.

– Je veux que vous veniez ici encore le mois prochain. Dites le chapelet tous les jours, et commencez à apprendre à lire. Puis, je vous dirai ce que j'attends de vous.

Lucie poursuivit en demandant à la Dame la guérison d'un malade. Elle lui répondit sans hésiter que s'il se convertissait, il guérirait avant la fin de l'année.

– Emmenez-nous au ciel, continua Lucie.

La Dame, souriant tranquillement, déclara que François et Jacinthe iraient bientôt au ciel, alors que Lucie devrait patienter. Une mission lui serait confiée : celle de faire connaître et aimer son Cœur Immaculé et d'aider à en établir la dévotion dans le monde. La Dame rassura Lucie qu'elle ne demeurerait pas seule. Devant son inquiétude, elle lui expliqua que son Cœur Immaculé serait son refuge et son chemin vers Dieu.

Marie ouvrit ses mains comme elle l'avait fait lors de la première apparition. La même lumière divine inonda les trois enfants. Ce qui fut différent, c'est que François et Jacinthe étaient enveloppés par la partie de la lumière qui montait vers le ciel, tandis que Lucie baignait dans la lumière qui descendait vers le sol. Ce qui signifiait l'ascension prochaine de Jacinthe et François vers le ciel.

Un peu en avant de la paume de la main droite de Marie, comme suspendu dans les airs, un cœur saignait, transpercé par les épines d'une couronne qui le ceinturait. Les enfants eurent la révélation qu'il s'agissait du Cœur de Marie, offensé par les péchés des hommes.

TROISIÈME APPARITION DE MARIE

Cette fois-ci, le 13 juillet 1917, c'était une véritable foule qui accompagnait les trois enfants dans leurs prières. Bien sûr, il y avait aussi des curieux et des sceptiques qui venaient voir les «trois petits menteurs».

Marie apparut comme elle l'avait fait déjà.

– Qu'attendez-vous de nous? demanda Lucie.

– Je vous demande de revenir le mois prochain et de continuer à réciter votre chapelet tous les jours. Ceci, en l'honneur de Notre-Dame du Rosaire, pour obtenir la fin de la guerre.

— Pouvez-vous nous dire votre nom ? Pouvez-vous aussi faire un miracle, pour que tout le monde comprenne que nous ne mentons pas et pour qu'ils croient en vous ?

— Au mois d'octobre, je ferai tout cela. Récitez souvent cette prière : « Ô Jésus, c'est par amour pour Vous que je prie, pour la conversion des pécheurs et en réparation pour les péchés commis contre le Cœur Immaculé de Marie ».

C'est à ce moment que Marie fit des révélations aux trois enfants.

— Si l'on ne cesse de pécher et de faire offense à Dieu, sous le règne de Pie XI, une autre guerre éclatera. Plus intense et pire que celle-ci. Lorsque vous verrez une lumière inconnue éclairer la nuit, sachez qu'il s'agira du signe que des moments difficiles arriveront. Une guerre se préparera. Je viendrai demander la consécration de la Russie à mon Cœur Immaculé et la Communion réparatrice des premiers samedis. Après des persécutions contre l'Église et l'anéantissement de plusieurs nations, mon Cœur Immaculé triomphera. Le Saint-Père me consacrera la Russie et un temps de paix suivra... *

Après avoir annoncé d'autres événements aux enfants, Marie demanda de ne pas révéler ces secrets, et elle disparut comme les autres fois.

---

* *Ces révélations constituent la première partie du secret de Fatima. La dernière partie a été écrite par sœur Lucie et envoyée à Rome, sous scellé, en 1957 (voir le résumé de ce que le Vatican révéla de ce secret à la fin du livre).*

QUATRIÈME RENDEZ-VOUS AVEC MARIE

Le rendez-vous du 13 août avec la Vierge fut raté par les trois enfants. C'est ce même jour qu'ils furent séquestrés par l'administrateur du canton afin d'obtenir des aveux et de faire cesser le flot de gens qui se pressaient dans le hameau et sur le site des apparitions. Les croyants et les curieux affluaient maintenant de toutes les régions du Portugal et même d'au-delà des frontières du pays.

Ce fut donc le 19 août que Marie fit sa quatrième apparition aux enfants, leur demandant encore de prier pour les pécheurs. Elle leur redit aussi que le dernier mois des apparitions, elle ferait un miracle que tous pourraient voir. Marie demanda aussi que les dons que les gens laissaient servent à la construction d'une chapelle.

SEPTEMBRE 1917

La foule était tellement compacte que les trois enfants eurent toute la peine du monde à atteindre l'endroit où Marie leur apparaissait. Tous ces gens avaient quelque chose à demander et tout le monde criait et parlait en même temps. Le lieu n'avait plus rien de commun avec l'endroit calme et serein qu'il était auparavant. Lorsque les enfants commencèrent à réciter le chapelet, un certain calme revint et la plupart des gens se mirent eux aussi à prier.

– Continuez à prier pour le salut des pécheurs, fit la Dame. En octobre, je reviendrai avec Notre-Seigneur, Notre-Dame des Douleurs, Notre-Dame du Mont Carmel et saint Joseph avec l'Enfant Jésus, pour bénir tout le monde.

DERNIÈRE APPARITION

Au mois suivant, la foule était encore plus nombreuse. Il n'y avait jamais eu autant de gens rassemblés avec une certaine dévotion en ce lieu. La journée était pluvieuse et les chemins étaient boueux. Marie apparut au même endroit. Elle demanda que l'on construise une chapelle en son nom.

– Je suis Notre-Dame du Rosaire. Il faut que l'on continue à prier tous les jours. La guerre prendra fin bientôt et les soldats pourront retourner dans leur famille. Beaucoup me demandent la guérison pour eux-mêmes ou pour des proches. Certains seront exaucés, d'autres non. Il faut être repentant et accepter Dieu en vous.

S'élevant dans les airs, la Vierge ouvrit les mains et une lumière intense se réfléchit dans le soleil qui perçait les nuages. Lucie se retourna vers la foule et cria de regarder le soleil. Les gens le virent bouger.

(Suite du texte à la page 77.)

2006 · 6º · MANDAMENTO · GUARDAR CASTIDADE.

Le sanctuaire Notre-Dame de Fatima.

Il règne une telle atmosphère de sérénité!

Une statue du Christ accueille les pèlerins.

J'ai prié pour notre famille :
La Victoire de l'Amour.

La célébration d'une messe au sanctuaire.

La procession et le chapelet en soirée.

*Représentation de l'apparition de l'Ange de
la Paix aux trois enfants.*

*Ma prière personnelle
à Marie.*

*La statue de la
Vierge de Fatima.*

En route sur le Chemin de Croix.

En prière dans une petite chapelle.

Une magnifique vue du sanctuaire.

Lieu où les pèlerins déposent leurs lampions.

Un jardin paisible dans le sanctuaire.

Le matin, peu avant l'ouverture du sanctuaire,
le lieu est imprégné d'un mélange
de paix et de solitude.

Mais ce que Lucie vit était d'un autre ordre. Comme l'avait dit Marie le mois précédent, tour à tour, Notre-Seigneur, Notre-Dame du Carmel, saint Joseph et l'enfant Jésus, Notre-Dame de Douleurs, vinrent bénir la foule du haut des cieux.

LA SÉPARATION

François et Jacinthe moururent de maladie en bas âge après de longues souffrances, François en 1919 et Jacinthe en 1920. La Vierge leur avait promis à tous les trois de la retrouver au ciel. Lucie vécut jusqu'au 14 février 2005. Elle avait 97 ans. Elle prononça ses vœux chez les carmélites en 1928. Elle eut deux autres apparitions de la Vierge, en 1925 et en 1929.

La séparation physique que connurent les enfants fut très difficile. Ils étaient liés par une si grande intimité par une expérience qu'ils ne pouvaient partager avec personne d'autre. Lorsque Jacinthe et François moururent, ce fut, pour Lucie, une partie d'elle-même qui disparaissait. Ces jeunes enfants furent déchirés par une grande tristesse qu'ils offrirent à Dieu, confiants qu'ils allaient se retrouver plus tard au ciel.

L'Ange de la Paix devant les trois enfants.

Une autre vue magnifique du sanctuaire.

*Un enfant heureux s'amuse simplement
devant le sanctuaire.*

*Un aménagement paisible menant
au Chemin de Croix.*

La pierre tombale de Jacinthe et François.

Devant le sanctuaire.

La magnifique croix érigée sur la grande place.

Jean-Paul II et Fatima

Le pape Jean-Paul II s'est rendu plusieurs fois à Fatima, dont une fois un an après l'attentat du 13 mai 1981 qui faillit lui coûter la vie. Jean-Paul II affirma d'ailleurs que s'il avait survécu, c'était grâce à l'intervention de Notre-Dame de Fatima.

Le pape a rencontré Ali Agca, son agresseur, dans sa prison en décembre 1983. Pendant tout l'entretien, Ali Agca revenait sur le fait qu'il lui paraissait impossible que le pape ait pu survivre. Rien n'avait été laissé au hasard. Ali Agca n'était pas un étourdi. Il s'agissait d'un tueur professionnel en mission commandée. Pourtant, Jean-Paul II avait survécu. «Comment cela a-t-il pu se faire ?» se questionnait l'agresseur repenti.

D'ailleurs, même Mgr Dziwisz, qui était aux côtés du pape lorsqu'il a été blessé à l'abdomen, raconte que Jean-Paul II était pratiquement perdu lorsqu'il est arrivé à l'hôpital. Après une première transfusion vaine, ce sont les médecins eux-mêmes, sans trop y croire, qui ont donné de leur sang au pape. Et cela a fonctionné...

À l'occasion de sa visite à Fatima, en 1982, le pape offrit la balle qui l'avait blessé afin qu'elle soit sertie dans la couronne de la Vierge.

La dernière fois que Jean-Paul II visita Fatima, ce fut pour la béatification des deux voyants : François et Jacinthe Marto.

À chaque occasion, il a tenu à rencontrer la voyante encore en vie, sœur Lucie, carmélite.

Avant lui, seul le pape Paul VI était venu en pèlerinage à Fatima.

Un bronze de Jean-Paul II.

*L'intérieur du sanctuaire après une célébration
eucharistique.*

Je suis en prière, entouré de centaines de personnes venues elles aussi se recueillir.

Sur le Chemin de Croix.

Plus bas, on voit la statue de l'ange et des enfants.

La Chapelle des apparitions.

La statue de Notre-Seigneur, le soir.

Juste avant le chapelet du soir.

En prière.

Le Vatican et le secret de Fatima

C'est en l'an 2000 que le Pape Jean-Paul II décida de rendre public le texte de la troisième partie du «secret de Fatima».

Les deux premières parties du secret concernaient une vision de l'enfer, la dévotion au Cœur Immaculé de Marie, la Deuxième Guerre mondiale et les conséquences de l'abandon de la foi chrétienne et de l'adhésion au communisme par la Russie.

En mai 1982, sœur Lucie avait révélé, dans une lettre au Saint-Père, les indications pour interpréter la troisième partie du secret de Fatima. Lucie écrivait que cette troisième partie du secret faisait directement référence aux paroles de Marie contenues dans les deux premières parties. Voici un extrait de la lettre :

« "Si la Russie ne se convertit pas, elle répandra ses erreurs de par le monde. Les guerres et la persécution envers l'Église se manifesteront. Le Saint-Père aura beaucoup à souffrir et des nations seront anéanties. Si on accepte mes demandes, la Russie se convertira."

Étant donné que ses demandes n'ont pas été écoutées, le monde a été emporté dans des errances. Nous ne pouvons constater la complète réalisation des prophéties, mais nous pouvons voir que notre monde est entraîné dans une direction incertaine.

Si nous ne renonçons pas au péché, à la haine, à la vengeance et à la violation des droits humains, nous courons à notre perte.

Et ne disons pas que c'est Dieu qui nous punit. Ce sont les hommes qui préparent eux-mêmes leur châtiment. Dieu nous avertit et nous incite à emprunter le bon chemin tout en respectant la liberté qu'Il nous a donnée. Ce sont les hommes qui sont responsables de leurs actes. »

Pour en revenir à la troisième partie du secret, plusieurs papes en ont pris connaissance au cours des décennies. En 1959, Jean XXIII lut le texte écrit par sœur Lucie. Sa Sainteté, après certaines hésitations, décida de renvoyer l'enveloppe scellée au Saint-Office et de ne pas révéler la troisième partie du secret.

En mars 1965, Paul VI en prit aussi connaissance, puis renvoya l'enveloppe aux Archives secrètes.

Jean-Paul II demanda à obtenir l'enveloppe contenant la troisième partie du secret après l'attentat du 13 mai 1981. Il en lut le contenu le 18 juillet. Le 11 août, le document retourna aux Archives du Saint-Office.

Laissons maintenant le soin à sœur Lucie de révéler la vision correspondant à cette partie du secret :

« Un peu plus haut et sur le côté gauche de Notre-Dame, se tenait un Ange avec une épée de feu dans la main gauche. L'épée luisait et émettait des flammes qui, semblait-il, devaient incendier le monde. Mais elles s'éteignaient lorsqu'elles entraient en contact avec la splendeur qui émanait de la main droite de Notre-Dame. L'Ange, qui indiquait la terre avec sa main droite, dit d'une voix forte: Pénitence! Pénitence! Pénitence! Et nous vîmes, dans une lumière immense qui est Dieu, un évêque vêtu de blanc. Nous avons eu le pressentiment que c'était le Saint-Père. D'autres évêques, prêtres, religieux et religieuses montaient sur une montagne escarpée au sommet de laquelle il y avait une

grande croix en troncs bruts. Avant d'arriver au sommet, le Saint-Père traversa une grande ville à moitié en ruine. D'un pas vacillant, affligé de souffrance et de peine, il priait pour les âmes des cadavres qu'il trouvait sur son chemin. Parvenu au sommet de la montagne, prosterné à genoux au pied de la croix, il fut tué par un groupe de soldats. De la même façon moururent les autres religieux et divers laïcs qui suivaient le groupe. Sous les deux bras de la croix, il y avait deux anges, chacun avec un arrosoir de cristal à la main. Ils recueillaient le sang des martyrs et ils irriguaient les âmes qui s'approchaient de Dieu. »

À la suite de rencontres avec sœur Lucie, une communication du Vatican proposa une interprétation qui fut lue par le cardinal Angelo Sodano à la fin de la célébration eucharistique présidée par Jean-Paul II à Fatima.

«*Chers Frères et Sœurs dans le Seigneur!*

Au terme de cette célébration solennelle, je ressens le devoir d'adresser à notre bien-aimé Saint-Père Jean-Paul II les vœux les plus cordiaux de toutes les personnes ici présentes pour son tout proche quatre-vingtième anniversaire, le remerciant de son précieux ministère pastoral au bénéfice de toute la sainte Église de Dieu.

À l'occasion de l'événement solennel de sa venue à Fatima, le souverain pontife m'a chargé de vous faire une annonce. Comme vous le savez, le but de sa visite à Fatima a été la béatification des deux petits bergers. Mais il veut aussi donner à ce pèlerinage le sens d'un geste renouvelé de gratitude envers la Madone, pour la protection qu'elle lui a accordée durant ses années de pontificat. C'est une protection qui semble concerner aussi ce qu'on appelle "la troisième partie" du secret de Fatima.

Ce texte constitue une vision prophétique comparable à celles de l'Écriture sainte, qui ne décrivent pas de manière photographique les détails des événements à venir, mais qui résument et condensent sur un même arrière-plan des faits qui se répartissent dans le temps en une succession et une durée qui ne sont pas précisées. Par conséquent, la clé de lecture du texte ne peut que revêtir un caractère symbolique.

La vision de Fatima concerne surtout la lutte des systèmes athées contre l'Église et contre les chrétiens. Elle décrit l'immense souffrance des témoins de la foi du dernier siècle du deuxième millénaire. C'est un interminable chemin de croix, guidée par les papes du vingtième siècle.

Selon l'interprétation des petits bergers, interprétation confirmée récemment par sœur Lucie, "l'évêque vêtu de blanc" qui prie pour tous les fidèles est le pape. Lui aussi, marchant péniblement vers la Croix parmi les cadavres des personnes martyrisées (évêques, prêtres, religieux, religieuses et nombreux laïcs), tombé à terre comme mort, sous les coups d'une arme à feu.

Après l'attentat du 13 mai 1981, il apparut clairement à Sa Sainteté qu'il y avait eu "une main maternelle pour guider la trajectoire du projectile", permettant au "pape agonisant" de s'arrêter "au seuil de la mort". À l'occasion d'un passage à Rome de l'évêque de Leiria-Fatima de l'époque, le pape décida de lui remettre le projectile, resté dans la jeep après l'attentat, pour qu'il soit gardé dans le sanctuaire. Sur l'initiative de l'évêque, il fut enchâssé dans la couronne de la statue de la Vierge de Fatima.

Les événements ultérieurs de 1989 ont conduit, en Union soviétique et dans de nombreux pays de l'Est, à la chute du régime communiste, qui se faisait le défenseur de l'athéisme. Pour cela aussi, le souverain pontife remercie de tout cœur la Vierge très sainte. Cependant, dans d'autres parties du monde, les attaques contre l'Église et contre les chrétiens, accompagnées du poids de la souffrance, n'ont malheureusement pas encore cessé. Bien que les situations auxquelles fait référence la troisième partie du secret de Fatima semblent désormais appartenir au passé, l'appel de la Vierge de Fatima à la conversion et à la pénitence, lancé au début du vingtième siècle, demeure encore aujourd'hui d'une actualité stimulante. La Dame du message semble lire avec une perspicacité spéciale les signes des temps, les signes de notre temps [...]. L'invitation insistante de la Très Sainte Vierge Marie à la pénitence n'est que la manifestation de sa sollicitude maternelle pour le sort de la famille humaine, qui a besoin de conversion et de pardon. »

Source du texte : le site officiel du Vatican.
http://www.vatican.va/roman_curia/congregations /cfaith/documents/rc_con_cfaith_doc_20000626_ message-fatima_fr.html
On peut aussi y voir les documents originaux manuscrits.

Entrevue

L'ABBÉ FERNAND PATRY est un des grands collaborateurs de *La Victoire de l'Amour*, il nous parle avec émotion de son expérience à Fatima.

À Fatima, ce qui m'a marqué, c'est la simplicité du lieu et des gens qui s'y rendent. Dans ce tout petit village, il y a une section reconnue comme le lieu des apparitions. Malgré le fait qu'il y a parfois des centaines de milliers de pèlerins, la modestie de cet environnement rural préserve la paix et le silence du lieu. On sent du respect et de la piété chez les visiteurs, et je pense que l'esprit et le sens principal des apparitions de Fatima imposent un recueillement essentiel.

Quand je suis allé à Fatima, il n'y avait pas de grandes foules. Je peux dire qu'une douceur et une sérénité supplémentaires viennent alors envelopper de façon spéciale ce lieu de recueillement.

Qu'on le veuille ou non, on sent qu'on touche à quelque chose de l'ordre de l'expérience chrétienne très profonde. Surtout parce que les apparitions étaient destinées à des enfants. Pour moi, c'est un grand mystère. Pourquoi les enfants ? Parce qu'ils sont encore dans l'émerveillement bien sûr, mais en même temps, parce qu'ils n'ont pas de balises, pas de filtres. Et donc, ils peuvent ressentir cela.

Quand on est présent à Fatima et à la subtilité de ce qui s'y est passé, je crois qu'on ressent quelque chose de cette communion avec la transparence, comme si on arrivait à entrer dans un espace où on peut se laisser toucher tout simplement, comme une brise légère, par quelque chose qui vient nous habiter. Je parle vraiment d'une rencontre de l'ordre de l'esprit. Ce n'est pas seulement Marie, c'est la présence de Dieu à travers tout ça. C'est la continuité aussi d'un moment de rencontre et le fait de voir les gens aussi silencieux. On y entend très peu parler. Il y avait beaucoup de gens à la célébration, et pourtant, on n'entendait que quelques chuchotements. Il y a là comme quelque chose qui nous ouvre l'âme et qui nous permet d'aller écouter nos voix inté-rieures, d'aller éveiller notre vie inté-rieure. Qui nous permet d'éveiller ça, de pouvoir vivre ce moment-là en ce lieu.

À Fatima, je pense que l'on n'est pas seulement en contact avec l'histoire; pas seulement dans un lieu où il s'est passé quelque chose d'exceptionnel, mais, à cause de la foi des gens, il y a quelque chose de la tendresse de Marie, de sa douceur et de sa bonté, qui y est demeuré et que l'on sent. On dit avec émer-veillement, c'est **Notre-Dame de la Paix, Fatima** ! Et cette paix-là, on la ressent très bien. Elle nous habite. Ce n'est pas seulement dans le discours, ce n'est pas seulement de la sensiblerie, c'est quelque chose de très intérieur. Et donc, cela nous oblige à avoir un contact profond; à nous laisser déranger par cette voix, par cette douceur que l'on ressent. C'est cette expérience assez extraordinaire que j'ai vécue à Fatima ainsi que celle d'y avoir célébré l'Eucharistie.

Donc, cela redonne un sens à Marie. Elle est vraiment la Mère du Christ. La Mère de Celui qui nous a enseigné à découvrir le visage de Dieu. Donc, à travers l'Eucharistie célébrée là-bas, nous sommes en présence du mystère de l'Incarnation. Parce que Marie, est Celle qui a porté Jésus, qui L'a mis au monde, qui L'a enfanté; donc, cela nous rappelle automatiquement les moments forts, je pense, de notre propre expérience.

Lorsque nous avons quitté Fatima, nous avons eu un moment de célébration, et j'ai rappelé que, tout simplement, quand on a été à Fatima, n'importe quand, on peut retrouver Fatima en nous. Fatima ne nous quitte plus.

J'en ai d'ailleurs même fait l'expérience ici. Je donnais une très grande fête chez moi, au bord de la rivière, et je me suis dit : voilà l'occasion de parler de Fatima. Nous avons parlé de différentes choses, puis, il y a eu comme un moment de paix. C'est alors que nous avons parlé de la mère, parce que c'était un anniversaire de naissance. J'ai alors saisi l'occasion pour rappeler aux gens l'expérience de Fatima. Je leur ai rappelé que la mère, justement, nous pouvons toujours être en contact avec elle à travers ses descendants, à travers les racines des gens. Et pour nous, dans la foi, dans la spiritualité, Fatima, cela signifie la rencontre de Marie tendresse, douceur et bonté, la Mère du

Christ. Il s'agit tout simplement de penser à cela.

Oui, quand on a déjà été à Fatima et que l'on est entré intimement en contact avec ce qui s'y est passé, on peut garder vivant en soi ce lien merveilleux. On peut même le communiquer aux autres.

Une femme avec qui j'ai fait le voyage à Fatima m'a appelé récemment. Elle traverse des moments difficiles. Sa fille est malade et elle aurait aimé qu'elle puisse se rendre à Fatima. Malheureusement, c'était impossible.

Allez voir votre fille, lui ai-je dit. Dites-lui à quel point cette rencontre que vous avez faite sur le chemin de Marie, mère du Seigneur, vous a transformée. Apportez à votre fille ce même amour et cette expérience spirituelle que vous avez ressentis provenant de Marie, à Fatima. Comme mère, vous pouvez apporter cela à votre fille malade. C'est une expérience spirituelle tellement profonde que d'aller à Fatima.

Lorsque j'ai célébré la messe à Fatima, j'étais très présent au groupe avec lequel je voyageais, et j'ai été frappé par la diversité des participants. Il y avait beaucoup de monde de différentes nationalités. Ce qui m'emplissait le cœur, c'était qu'à travers la Communion eucharistique, on puisse rejoindre les attentes, les désirs, les blessures de chacun, et essayer de mettre un baume sur les plaies de tant de gens, en apparence différents. À Fatima, les gens viennent chercher quelque chose, selon leurs propres souffrances, selon leurs propres blessures, mais en réalité, nous sommes tous pareils. Dans ce voyage spirituel à Fatima, nous cherchons à renouer avec notre famille du ciel.

Donc, célébrer l'Eucharistie, partager le pain de vie, c'était venir nourrir l'espérance des gens qui avaient entrepris ce voyage; venir nourrir l'espérance qu'ils plaçaient en Marie; venir nourrir cela, mais à travers et par le Christ. C'est le Christ qui, à ce moment-là, est venu nous rejoindre. C'est comme si Fatima créait le réceptacle, et nous, la disponibilité de recevoir quelque chose d'encore plus grand. Et le plus grand, c'est toujours l'Eucharistie au quotidien. L'Eucharistie que je vivais là, au moment présent, et que je portais dans mon cœur.

Les gens se sont confiés beaucoup à moi avant qu'on arrive à Fatima. Ils me disaient ce qu'ils venaient chercher à Fatima et c'était vraiment dans cet esprit-là que j'ai célébré l'Eucharistie. Comme si l'Eucharistie, je la célébrais pour chaque personne individuellement dans ce qu'elle venait chercher.

C'est un beau moment, Fatima, pour moi.

Quand on fait un pèlerinage comme celui-là, on peut toujours garder en soi l'image de l'expérience spirituelle qu'on y a vécue. L'expérience spirituelle que nous vivons dans un pèlerinage peut continuer d'alimenter notre vie, notre foi et notre espérance. Pas dans le souvenir concret de Fatima, mais dans la réalité de notre senti qui reste bien vivant après des mois et des années. Ce qui rend ces lieux de rencontre si importants, c'est qu'ils sont très incarnés dans le temps. On demeure marqué par ces expériences concrètes.

C'est ça aussi, l'apparition ! C'est que Marie est vraiment venue, concrètement, rencontrer l'humanité, saluer ces trois enfants et leur parler. Pour nous, il ne s'agit pas d'essayer de refaire l'expérience des voyants. Il s'agit plutôt de s'imprégner de toute la richesse de la foi grâce à ce lieu de prières et de rencontre. Et la foi que les gens ont apportée à Fatima est partagée, et tous en repartent avec un fragment qui contient la totalité. Et à partir de ce moment-là, le pèlerinage est quelque chose de vivant qui nous accompagne tout le temps que nous le désirons, aussi longtemps que nous voulons être en contact avec ce grand mystère.

Ce texte est extrait d'une entrevue de l'abbé Fernand Patry par madame Hélène Fontayne.

La Victoire de l'Amour

ÉDITION D'INSPIRATION CATHOLIQUE

C.P. 120
succursale Boucherville
Boucherville (Québec)
J4B 5E6

Téléphone
Montréal et sa région
514 523-4433

Téléphone
Extérieur de la région de Montréal
1 888 811-9291

Heures de communication
Du lundi au vendredi de 9 h à 16 h

Internet
www.lavictoiredelamour.org

Imprimé au Canada